MELHORES
POEMAS

Bueno de Rivera

Direção
EDLA VAN STEEN

MELHORES
POEMAS

Bueno de Rivera

Seleção
AFFONSO ROMANO DE SANT'ANNA

São Paulo
2003

© Clara Chalfin Queiroga e
Isaac Abramovitz Chalfin, 1997

Diretor Editorial
JEFFERSON L. ALVES

Assistente Editorial
RODNEI WILLIAM EUGÊNIO

Gerente de Produção
FLÁVIO SAMUEL

Revisão
MARIA APARECIDA SALMERON
RODNEI WILLIAM EUGÊNIO

Projeto de Capa
VICTOR BURTON

Editoração Eletrônica
ANTONIO SILVIO LOPES

Dados Internacionais de Catalogação na Publicação (CIP)
(Câmara Brasileira do Livro, SP, Brasil)

Rivera, Bueno de, 1911-1982
 Melhores poemas de Bueno de Rivera ; seleção
Affonso Romano de Sant'Anna. – São Paulo : Global,
2003. – (Os melhores poemas)

 Bibliografia.
 ISBN 85-260-0797-1

 1. Poesia brasileira I. Sant'Anna, Affonso Romano de.
II. Título. III. Série.

02-6569   CDD–869.91

Índice para catálogo sistemático:
1. Poesia : Literatura brasileira   869.91

Direitos Reservados

**GLOBAL EDITORA E
DISTRIBUIDORA LTDA.**

Rua Pirapitingüi, 111 – Liberdade
CEP 01508-020 – São Paulo – SP
Tel.: (11) 3277-7999 – Fax: (11) 3277-8141
E.mail: global@globaleditora.com.br

Colabore com a produção científica e cultural.
Proibida a reprodução total ou parcial desta obra
sem a autorização do editor.

Nº DE CATÁLOGO: **2088**

Affonso Romano de Sant'Anna, poeta, participou de vários movimentos de renovação da poesia brasileira. Foi um dos organizadores da *1ª Semana Nacional de Poesia de Vanguarda* (1963) em Belo Horizonte. Criou a *Expoesia*, que reuniu mais de 600 poetas e abriu espaço na imprensa e na universidade para a poesia marginal. Foi editor do *Jornal de Poesia* (no *Jornal do Brasil* – 1973) e da revista internacional *Poesia Sempre* (Biblioteca Nacional – 1991-1996). Atuou como crítico nos principais jornais e revistas brasileiros. Dirigiu o Departamento de Letras da PUC-RJ, trazendo pensadores como Michel Foucault e reorientando com sua equipe os estudos literários no país. Como presidente da Fundação Biblioteca Nacional (1991-1996) criou o Sistena Nacional de Bibliotecas, o Proler, informatizou e modernizou a instituição, desenvolvendo programas de exportação da literatura nacional, que resultaram na escolha do Brasil como tema da Feira de Frankfurt (1994) e do Salão do Livro de Paris (1996). Professor de várias universidades brasileiras, lecionou também nos Estados Unidos, França e Alemanha. Como cronista, substituiu Carlos Drummond de Andrade no *Jornal do Brasil*. Tem cerca de 30 livros publicados e é casado com a escritora Marina Colasanti.

BUENO, UM BOM POETA

Em 22 de setembro de 1943, Vinícius de Moraes escrevia a Bueno de Rivera dizendo que gostaria de encaminhar os poemas do então desconhecido poeta mineiro para uma editora e que pedia autorização para publicá-los na seção "Vamos ler", que mantinha no suplemento de "A Manhã", pois "nela já saíram o Lêdo Ivo, um novo de Alagoas, e proximamente sairá o João Cabral de Melo Neto, esse já com um livro publicado em Pernambuco, mas que não é conhecido senão por uns poucos". Em 1944, Hélio Pellegrino deixa um bilhete na casa de Bueno, em Belo Horizonte, dizendo: "O Mário de Andrade quer jantar com você. Apareça no Grande Hotel às 6 horas. Um abraço do Hélio."

Com esse nome de poeta espanhol, Bueno de Rivera era natural de Santo Antônio do Monte, MG, onde nasceu em 3 de abril de 1911. Na verdade, seu primeiro nome é Odorico. E aquele Rivera, ele o inventou para dar mais sonoridade acompanhando o Bueno, que vem da tradicional figura de Amador Bueno, que em 1640 tentou desligar o Brasil de Portugal e passou a ser chamado de "o rei de São Paulo".

Pois esse Bueno de Rivera é considerado pela crítica como um dos melhores poetas da Geração 45. Foi sempre colocado ao lado de João Cabral de Melo

Neto e Lêdo Ivo. E, no entanto, publicou muito pouco, apenas três livros em vida — "Mundo Submerso" (1944), "Luz do Pântano" (1948) e "Pasto de Pedra" (1971). Entre os dois primeiros, que tiveram enorme repercussão e foram objetos de estudo de todos os críticos importantes da época, e o terceiro, passaram-se 23 anos de silêncio e de um certo afastamento da vida literária. Contudo, nesse longo período, parece que o poeta não ficou parado, pois na folha de obras do autor da edição de "Pasto de Pedra" há uma referência a um livro inédito, "As Fúrias", que reuniria poemas de 1949 a 1960.

Onde estão esses poemas?

Perguntei a Clara e Isaac, seus filhos, numa visita feita a eles, em Belo Horizonte (por misteriosa coincidência no dia 25 de junho de 2002, quando se completavam 20 anos de sua morte). Os filhos contaram-me que quando lhe perguntavam por esse livro mencionado, ele simplesmente respondia: "Está todo aqui na minha cabeça".

Conseguimos rastrear vários desses poemas esparsamente divulgados em revistas e jornais, e aqui os publicamos. Eles estão na quarta parte deste livro, como forma de recuperar a memória (quase) perdida do poeta.

Mas, a propósito, é importante dizer que fora essa quarta parte, as três primeiras, relativas aos três primeiros livros, obedecem exatamente ao desejo de publicação do poeta. Refiro-me ao fato de que nos anos 70, dirigindo uma coleção de antologias para outra editora, pedi a Bueno de Rivera que preparasse os poemas que achasse convenientes para serem publicados. Infelizmente a editora mudou de projeto editorial, mas guardei durante esses anos todos o material que Bueno de Rivera me havia mandado, o qual segue publicado.

Conheci Bueno de Rivera em Belo Horizonte, quando para lá fui em 1957. Ele fazia parte de um grupo de poetas que havia ganho notoriedade nacional, e, no entanto, permanecia em Minas, como Henriqueta Lisboa e Emílio Moura. Seu apartamento era defronte à Faculdade de Ciências Econômicas, cujo bandejão eu freqüentava. Visitei o poeta diversas vezes. E com ele me encontrava ou na Livraria Itatiaia às 6 da tarde ou nas esquinas da capital mineira em amenos bate-papos. Ele sempre com uma pastinha sob os braços, pois editava o famoso "Guia Rivera" — que dava aos habitantes da cidade informações básicas sobre as ruas, comércio etc. Bueno vivia dessa atividade, embora anteriormente tivesse se dedicado a outras ocupações. Tendo chegado a Belo Horizonte aos 15 anos, exerceu uma série de atividades, que ia desde a de microscopista até locutor da Rádio Mineira. Sua voz pausada e bem articulada marcou época. Com efeito, em alguns de seus poemas há vestígios dessas atividades. Veja-se o poema "O microscópio".

"O olho no microscópio
vê o outro lado, é solene
sondando o indefinível."

Ou então o poema "O profeta", onde diz:

"o locutor chamará os irmãos".

A poesia de Bueno pode ser percebida como perfazendo três núcleos. O primeiro reuniria as duas primeiras obras editadas pela prestigiosa José Olympio. É o de uma poesia marcadamente surrealista e os títulos desses livros dizem muito bem desse mundo submerso, subterrâneo, dessa luz difusa sobre as pantanosas águas do tempo. Há uma atmosfera onírica, mágica, lúgubre, que pode lembrar pinturas de Salvador Dali ou Max Ernest:

> "O olho da memória
> acende-se no abismo
> e rola como a lua
> entre as nuvens salgadas".

Há também algo de Augusto Frederico Schmidt nos salmos, agonia, fontes lívidas, cabelos mortuários. Ali pode-se encontrar um tom drummoniano, como no poema "O poço" ("amigos, silêncio/estou vendo o poço") ou em "Olhos secos":

> "Não chego a ser um gemido entre o choro geral
> olhos enxutos, mãos no bolso, a displicência".

No entanto, dentro dessas balizas, Bueno conseguiu inscrever a singularidade de sua voz e ser saudado efusivamente, conforme indica sua bibliografia.

Já o livro seguinte, "Pasto de Pedra", só foi publicado depois do interregno vanguardista que deixou trepidações na poesia brasileira desde o Concretismo em 1956 ao Tropicalismo em 1968. Lembro-me, naquelas conversas aleatórias com Bueno, de ter-lhe perguntado se não pretendia publicar algum livro novo. Ele, mineiramente, me fazia ver que era necessário passar o patrulhamento vaguardista, deixar baixar a excitação dos grupos, para poder publicar e ser devidamente avaliado. É possível que ele não tenha editado as tais "Fúrias" porque aqueles eram poemas que fugiam da norma formalista em voga.

"Pasto de Pedra", no entanto, tem os vestígios desse formalismo. Naquele período alguns poetas achavam que a via certa da poesia brasileira tinha que somar João Cabral mais o Concretismo. Isto botou muita gente a perder, porque o poeta autêntico tem que ouvir sua voz interior e não copiar a batida alheia. Por outro lado, nos anos 60 teve grande divulgação a poesia participante, política do "Violão de rua", e como vivia-se um momento de grande agitação política, mesmo as correntes formalistas esforçaram-se por produzir poesia engajada.

"Pasto de Pedra", além de ser um livro politicamente participante, muito diverso dos dois anteriores do autor, é uma obra programática, como alguns dos que foram elaborados pelos poetas daquela época. Dividido em quatro partes: "Situação da pecuária", "O reino mineral", "Navios barrocos", "Inconfidencial discurso", traz um Bueno de Rivera bem diferente dos anteriores. Volta-se para as raízes barrocas mineiras, retomando as personagens da Inconfidência (ampliando o que havia sido feito por Cecília Meireles, Murilo Mendes e Drummond), e para os fundamentos da cultura e da economia agrária, rural e mineral, vertendo uma acidez lírica, mapeando geopolítica e economicamente o homem de seu tempo.

Aí se refere tanto à "cidade amarela", ou Ipatinga, onde os japoneses instalaram a siderúrgica Usiminas, quanto à presença do mundo rural na nossa formação:

"o diplomata em Paris
é derivado do leite.
O catedrático enfático
É derivado do leite.
A cadeira na Assembléia
É derivada do leite
O chapéu cardinalício
É derivado do leite
O ar governamental
É derivado do leite."

 A quarta parte desta antologia, com os poemas recolhidos de jornais e revistas, e nunca publicados em livro, mostra uma multiplicidade de ritmos e linguagens. São textos escritos em épocas várias. Em geral não se tem a data de sua publicação. Alguns apareceram na revista "Alterosa" — dirigida por Roberto Drummond, nos anos 60, quando este pediu a Bueno que mantivesse uma colaboração constante. Aí Bueno publicou, por exemplo, um longo poema sobre Pelé, que não sendo de suas melhores obras, revela seu interesse no cotidiano da história. Por outro lado, há poemas, como "As fúrias vegetais" e "O lixo", que antecedem essa preocupação ecológica, que só se tornaria moda nos anos 80.

 Esta antologia é o primeiro gesto para a recuperação da obra e da memória de um dos bons e significativos poetas do nosso tempo.

Affonso Romano de Sant'Anna

POEMAS

POEMAS DE "MUNDO SUBMERSO"

O POÇO

Amigos, silêncio.
Estou vendo o poço.

No fundo profundo eu me vejo
presente. Não é
a cacimba de estrelas. Amigos, é o poço.

Apenas o poço. A vela na lama
como um dedo de fogo.
Ânsia de afogado,
suspiros em bolhas.
O susto no sono.
A sombra descendo sobre os aposentos,
o suor nos espelhos. A sombra
abafando a criança, a sombra fugindo.
A mão pesada sobre a boca torta,
o grito parado no rosto.
O copo d'água em goles trêmulos...

Amigos, silêncio.
Eu vejo o poço.

O vento da hora morta. Os avós sorrindo,
tão meigos sorrindo. E a morte tão viva!

(Minha mãe não esperou a guerra,
não sabe notícias do mundo.
Não pergunta, não responde).

A tosse acordando os irmãos,
e eu, pela madrugada, carregado nos ombros de
meu pai.

MUNDO SUBMERSO

Os pensamentos amplos
movem-se vermelhos
como peixes livres
entre as algas frias.

O olho da memória
acende-se no abismo
e rola como a lua
entre as nuvens salgadas.

A retina imersa
retrata as angústias,
é a câmara atenta
aos gestos mais vagos.

Soluços sem eco
de inúteis motivos.
suicídios lentos,
pactos de morte.

Mulheres aquáticas,
estrelas de carne,
sugando os desejos,
tentando os incautos.

Mãos retorcidas
na ânsia do náufrago.
Navios mortos
no cais profundo.

O músico do bar
dança com o polvo.
A pauta vogando
sem interpretação.

O véu e a coroa
enfeitam os recifes.
A bailarina dorme
nos corais serenos.

Amáveis lembranças
de longos roteiros,
as cartas, os lenços
no adeus eterno.

As chagas acesas
cobertas de sal,
as idéias rolando
no fatal mergulho.

Boca sem vozes,
olhos afogados,
coração boiando
na água infinita.

As ondas são doces,
o céu é tranqüilo,
mas um corvo sonha
na praia em silêncio.

O MICROSCÓPIO

O olho no microscópio
vê o outro lado, é solene
sondando o indefinível.

Dramática a paciência
do olho através da lente,
buscando o mundo na lâmina.

A tosse espera a sentença,
o leito aguarda a resposta.
O tísico pensa na morte.

O silêncio é puro e o frio
envolve o laboratório.
Os frascos tremem de susto.

O infinito dos germes
reflete no olho imenso
que pousa na objetiva.

O avental se levanta.
Os dedos inconscientes
escrevem a palavra ríspida.

O resultado terrível
entra nos óculos do médico
e ele diz: positivo.

O doente tira o lenço.
Aperta a mulher e o filho,
chora no ombro da esposa.

Imagina a reclusão
no sanatório, a saudade
e o vento no quarto branco.

Olha o papel: positivo.
Cresce a palavra com a tosse.
A febre queima a esperança.

O microscopista, no entanto,
conta anedotas no bar.
Está alheio e feliz.

Não sabe que o olho esquerdo
ditou a sentença e a morte.
Paga o café e caminha.

O FANTASMA DO LATIFÚNDIO

As mãos sustendo as árvores, a cabeça
como um barco nas nuvens,
o olhar morto como um sol gelado
no oceano sem portos e distâncias.
É o rei do descampado,
dormindo sobre as ervas milenárias
rosas selvagens, sapos, pirilampos.

Rompe o pranto nas ruas alagadas,
é o suor dos milhões em desespero.
Os dedos aflitos brotam como espigas.
Lábios frios,
agonias proletárias, música de ódio
e um berço afogado.

Sonho de estâncias, ninhos e varandas,
mangueiras, sítios brancos, rosas tímidas,
colonos, canto de galo, as madrugadas
murcham no outono das cidades,
nos prédios como túmulos.

Mas o espetro secular habita o tempo,
os quilômetros, os rios e os desejos.
É o espantalho das pombas, solitário
sem ânsias, sem limites e problemas.
Os pés medindo o espaço, olho parado,
a cabeça serena como a lua.
Dorme como um boi na eternidade.

OS OLHOS SECOS

Não chego a ser um gemido entre o choro geral,
olhos enxutos, mãos no bolso, a displicência.
Vejo o baile nas janelas acesas.
Quanta alegria nos homens sem memória!
Outras janelas, o caixão, as velas no silêncio.
As cortinas como almas libertadas,
a lágrima da mãe no lenço preto.
Os meus passos doem, cantando na calçada.
As estrelas quietas ruminando as horas,
mas meus olhos aflitos e ninguém percebe.

O nó na garganta, o grito parado,
a brasa na cinza...

O AÇOUGUE

Apenas na sombra tranqüila
o açougue aceso.

Os pés do boi sem caminhos,
os olhos do boi sem paisagens.

Ah! a fazenda da infância,
o banho no rio, o leite,
serenas pastagens, o gado
dormindo em paz entre as árvores.

Boi heróico,
boi amigo, boi morto.

A mosca, como um desejo,
entre as carnes e a lâmpada.

Mundo mau, matança fria
de inocentes.
Homens e bois resignados...

O PROFETA

I

Chegará o tempo, o mundo se povoará de sombras
só haverá gestos inúteis entre os túmulos.

Os relógios hão de parar no minuto supremo.
A agonia virá com a treva.

As mãos enormes fecharão as portas,
os pés do soldado esmagarão as rosas.

Os pacíficos deixarão os vales úmidos,

Secará o leite das mães, tombarão os famintos,
haverá gritos. Os corvos descerão.

Será o abismo.

IV

Os pássaros de fogo descerão das nuvens,
as aves da terra fugirão aflitas.

Ao clarão da montanha, sombras guerreiras
se projetarão nos vales desertos.

Mas o último poeta
passeará tranqüilo entre as ruínas.

V

A verdade morrerá na língua inútil.
Gestos confusos clamarão nas ruas.

Virá depois um pé gigante em chamas
que esmagará o coração do sábio.

E os brutos cantarão vitória.

VI

O último mendigo morrerá no asfalto.
Virgens aos gritos deixarão os clubes,
abandonarão seu véu entre os espinhos.

O violino soará desalentado
nas mãos do vendedor de flores.

Os pianos se cobrirão de escombros.

VII

Os aventais voarão com as dores.
Será pungente o soluço do médico.

Uma tosse imensa. A noite muito fria.

Dos hospitais virá a grande súplica.

VIII

"Aleluia! Aleluia!" cantarão os negros.
Os carros brancos voarão na treva.

O desespero crescerá nas órbitas.
Os óculos inutilmente acesos.

Os pálidos não chegarão ao fim.
Haverá a consumação.

IX

Dia virá em que os varões, chorando,
dirão adeus à pátria e às amadas.

Descerá o silêncio. A última candeia
se apagará com o sangue.

Viúvas imensas
loucas caminharão nas noites frias.

XII

O arranha-céu fechará a última janela.

Os homens voltarão ao primeiro capítulo, de novo brilhará o lume das cavernas.

XIII

O incêndio lastrará no fim previsto,

O repórter fechará os olhos à tragédia.
Será em vão o clamor das mil telefonistas.

O locutor chamará os irmãos,
ninguém responderá à mensagem do aflito.

XIV

Do alto da montanha, o último guerreiro
rolará no esquecimento de si mesmo.

Será a confusão dos semelhantes.
As línguas não falarão ao entendimento.

As flâmulas heróicas se confundirão
no fundo dos mares turvos.
As pátrias ficarão apenas na memória.

XV

O inverno chegará, o perfume das rosas
há de se exalar com o sonho dos humildes.

As estradas conduzirão os retirantes.

A esperança apontará os novos portos
e as palmeiras saudarão o fugitivo.

Aqui, renascerá a fé dos humilhados.

POEMAS DE "LUZ DO PÂNTANO"

CANTO DO AFOGADO

O que fui, as águas não devolvem.
No sumidouro me perdi.
Os amigos procuram um corpo entre as sarças.
Trazem roupas de banho, redes novas,
escafandros no bolso. Eles não sabem
que o afogado sonha entre as anêmonas.

O pássaro entende os caminhos do mar,
o galo da manhã conhece a estrela,
mas vós, amigos, ignorais a face
imóvel sob as águas.

Ó cordeiros da infância,
no olho do peixe está a origem.

OS SUBTERRÂNEOS

Um povo de abstratos
na memória lúcida.
A vida subterrânea
se agita obscura
no ser sem limites.

A procissão dos mortos
nas ruas profundas,
e uma lua mórbida,
uma lua antiga
clareia os lagos onde
os afogados cantam.
Nos jardins desertos
há rosas dormindo,
mas cresce nas figueiras
a flor dos enforcados.

Meus mortos divagam
no país da insônia.
São pensamentos puros
mais vivos no tempo.
São parentes, pássaros,
mulheres envoltas
em véus e remorsos,
um gato nos trilhos,

um cavalo no incêndio,
a professora doida
no espelho fantástico.
Que alegria é essa
que me deixa pálido?
São os colegas, brincam
num pátio apagado.
Companheiros mortos
no desastre. Longe
me convidam: vem!
Não lhes vejo os olhos,
não diviso as faces.
São figuras cegas
ou meninos mágicos?

Na câmara fria
ornada de afetos,
sinto alguém, percebo
que esse alguém me fala.
Fecho os braços: nada,
estendo a mão: ninguém.
Não é anjo ou espetro
nem é corpo, é a luz

me chamando: "filho!"
Corro ansioso; a voz
se afasta intocável,
seu brilho se perde
nos porões noturnos.

Vagos habitantes
das claras superfícies,
não vos aproximeis.
Deixai que eu me debruce
incauto sobre o poço,
o poço infinito
onde as pedras rolam
mas nunca se escuta
o soluço das pedras.

ALÉM DAS FACES

Além da fronteira,
um círculo azul com uma flor solitária.
Ali começa a viagem ao antilúcido
onde os peixes devoram os anjos e as imagens.

No país das palavras vermelhas
dorme o lago de Moloch.
Nas suas margens há salgueiros em chamas.
Cavalgando hipocampos,
os loucos cantam salmos.

Mergulham em solidão
incestos imaginários, matricídios,
olhos adúlteros, flores violadas,
filhos mortos em forcas ilusórias.

Boiam no esquecimento
os afogados do mar profundo.

AS CARPIDEIRAS

As carpideiras oficiais seguem o vosso enterro
[imaginário,
depositam flores no mausoléu futuro.
Estão lívidas
e seus olhos de pedra choram como fontes.

Pairam sobre os leitos. Nos seus ombros
rolam os cabelos mortuários.

Elas vos oferecem os salmos da agonia,
escrevem os vossos bilhetes suicidas,
dão-vos a cerveja fatal, mostram o revólver no
[espelho.

Estão junto de vós como convivas
do mesmo almoço, bebem no mesmo copo,
confrontam vossos cronômetros. São lúcidas.

No poço do caminho vos esperam,
vestidas de crepúsculo.

A DANÇA DOS OBESOS

Felizes são os obesos! Vede como dançam
no tapete dos humilhados!
No entanto, são feitos do mesmo limo.
Nossa angústia os alimenta,
nosso gemido é a sua música, e eles não percebem
a melodia subterrânea.
Moldamos em nosso ódio as suas faces,
são nossos semelhantes, inconscientes nos esmagam.

Deixai dançar os obesos no crepúsculo.
Eles ignoram a noite absoluta
que rolará da montanha sobre as pérgolas.

Deixai-os. Vinde também à nossa festa.
Agora, que a treva mergulha nas piscinas,
dançarão sobre o pântano
os esqueletos de cal.

A ESPADA

Sobre a tua cabeça a espada.
Não te movas, nenhum gesto,
nenhum grito, pois a espada
pode cair.

Pende sobre os teus cabelos
a espada nua. Cuidado!
Nenhuma blasfêmia, ou mesmo
orações, senão a lâmina
cairá.

Não movas o braço ou a face
para o lado do mar tranqüilo.
Olha à frente, não te assustes
com a sombra trêmula. É o vento
tocando a espada.

À tua direita, os amigos
te insultam. Fica em silêncio.
Não te mexas, pode a espada
desprender-se, e os teus amigos
gozarão tua agonia.

Mulheres, macias pétalas,
acariciam teu corpo.
Não te encantes, pois quem sabe
se, partindo o fio, a espada
destruirá teu amor?

Os teus colegas, à esquerda,
contam anedotas. Não rias.
Pode a alegria matar.

A espada é o remorso ou a bênção?
Ninguém sabe... Só percebes
que, sobre a cabeça pálida
pende o invisível.

ITINERÁRIO DE ÂNGELA

No mapa, meus olhos seguem os teus caminhos abs-
[tratos,
rosa dos hemisférios!
Nenhuma aurora anuncia a tua vinda
mas a tua presença é múltipla e real.
Florescem teus pés em cada porto.
Andas e cresces, flor do enigma,
as pétalas no céu, o caule sobre o mar.

Nasce um lírio no Volga.
Uma criança chora, a estrela desce
meiga, pousa no berço, a criança sorri.
É a filha do rio heróico. Ó barqueiros, cantai!

A madrugada escolar em Káunas. Duas tranças
e a fita como um pássaro voando no retrato.
A neve nos telhados, um rosto na vidraça,
árvores de gelo na distância
e os teus brinquedos nevando na memória...

Cantam junto à lareira as quatro irmãs.
Embarcas na música, docemente viajas,
a face vogando no outro lado do mundo.

Um trem na fronteira.
O tio pálido, as primas chorando, o adeus.
Longe, Mariâmpolis dormindo
e os teus avós rezando na profunda Rússia.

E voas sobre o mar. És pomba, arco-íris,
sinal do céu, rosa boiando, lua
sobre as âncoras, os peixes e os corais.

Salve a imigrante! Ela caminha
pura e serena ao encontro do afogado.

CANÇÃO DO SONO

Acendei as magnólias
no céu. Ó ruas, calai!
Ângela é o pássaro,
Ângela dorme.

Os dedos, algas vivas,
desfolham estrelas no sonho.
A noite acalenta os lírios.
Ângela dorme.

Uma rosa flui no espaço.
É a lua ou a canção do bêbedo?
Meu coração não se encontra.
Ângela dorme.

Ó abelhas da rua pobre,
tecelãs da madrugada,
não canteis junto aos teares,
Ângela dorme.

Adeus, notícias do mundo!
Bocas de leite, calai.
Auroras do pão, silêncio...
Ângela dorme.

Meu pensamento na insônia
canta em voz alta. Silêncio,
coração, não assusteis
o pássaro tranqüilo.
Ângela dorme.

A CAMA

Enquanto dormes, cresces.
Alheio ao tempo, avanças, as cortinas te envolvem,
o mundo se multiplica em teus desejos
passados e futuros. Pois viajas.

Revives a infância, um seio de mãe, a voz
dos irmãos na alcova, a tosse coletiva
dos parentes na solidão inapelável.
Cresces. A mão trêmula e hesitante
da professora demente em teus cabelos.

Enquanto dormes, cresces.
A dança, a primeira culpa, a descoberta
da lua nas madrugadas da província.

Tua inocência se dissolve
na cidade numerosa,
A moça eslava, a estrela
dos imigrantes, corre ao teu encontro,
te salva, te encaminha ao porto
da purificação.

E dormes e cresces.
És o múltiplo, o das sete profissões.
O microscópio à direita, um olho imerso
no mistério da lâmina.
À tua esquerda, o microfone, surdo
ao teu apelo solidário.
És o químico, o reativo, a voz comercial, o espetro.

Enquanto dormes, cresces.
Rios do sonho conduzindo um corpo
ao oceano incerto. Águas futuras
banham a tua face, és o vidente.
Brincas com teu neto num jardim mecânico
onde as flores são mágicas e perfumam
as creches e orfanatos na distância.
As pombas sobre a cidade, ruas no espaço e o canto
do colégio e da fábrica irmanados.

E dormes...
O anúncio da manhã, as chaves na porta, os pássaros,
nada consegue te acordar. Viajas
sobre o dilúvio, em teu barco de espumas.

OS DESTINOS URBANOS

O tráfego é previamente fixado
e todos os sensatos vivem seu minuto.

Onde está o louco para um discurso
sobre os acontecimentos futuros?

Ah! se pudesses, dormirias
sob as árvores da praça, sem cuidados,
te banharias em público, comerias
o teu pão na calçada...

Vives no tempo dos relógios. Os teus passos
são contados, tuas horas são rações
minguadas na fome de ser livre.
E impaciente esperas numa esquina
um mágico que te indique
a porta, te mostre a claridade e ordene a fuga!

Onde estão os mágicos?
Dormem.
E o louco dos comícios?
Morto.
Morto o pássaro, o lírio extinto,
calado o mar,
o coração do homem pulsa
sob as pedras.

O POETA NA SAPATARIA AQUÁRIO

Os pés no espelho
são orquídeas, borracha, pão e chumbo.
Cruzam o espaço, voam como pombas, dançam
no encerado, beijam cortinas,
tornam-se flores, músculos, galopes.
Canta o sapato de noiva, pássaro
na redoma.
Soluça o chinelo enfermo, dobra-se
em penitência a sandália de freira.
Sobre a unha pintada,
a bailarina se dilui. Range no chão
a botina operária. Como é sólida!

Um sapato, um destino.
Estes dormem na vitrina fluorescente,
entre luas de seda.
São raros na chuva, entre o mercado e o povo.
Sonham na caixa os sapatos de anjinho,
enterro de vila, meninas de branco, choro
na escola pública.

No espelho, o couro de boi se multiplica.
Vejo o boi fantasma,
o coração na claridade boreal

dos frigoríficos.
Esposa, a morte do boi é o teu presente,
teus sapatos azuis, a ceia e o baile.

Vejo os pés em mergulho,
dedos de esponja,
saltos de coral e espuma.
Rolam as salamandras sob a perna,
sob a liga, a meia e o corpo vário.
A moça e o emprego, o homem e a fábrica,
a mãe e o hospital.

Pago o embrulho, busco a rua e as pedras.
Dói o calo, dói o mundo...

A MÃO RECEBE O SALÁRIO

A face de lua negra
sobre as moedas vermelhas,
o pagador nos espera.

Somos apenas um número
e a dúvida. Vamos em fila
como os mendigos num sábado.

Lá fora, o pássaro voando,
a rosa crescendo, um cão
no alpendre, um peixe no azul.

Nosso nome declamado.
Os algarismos se dobram
como acrobatas na cena.

A mão recebe o salário,
confere as cédulas: não chega!
Não chega! O mundo escurece...

Vejo piscinas no céu,
autos voando, navios
partindo para o nunca mais.

Escuto as risadas amplas
no prédio ao lado. Adivinho
a alegria dos meus donos.

Observo de novo as cédulas:
retratos de heróis, cidades,
as guanabaras em flor...

Cédulas inúteis, não cobrem
a dor dos dias perdidos.
Conto de novo, não chega...

Volto ao lar como um vencido.
O vento do sul nos cabelos,
o soluço dos pés na pedra.

Vergonha das mãos vazias.
Penso no filho, a merenda
escolar entre os cadernos.

Vejo a mulher, mão no rosto,
os olhos na esquina, à espera
de um vulto lento na tarde.

E teu brinquedo, meu filho?
Mulher doente, e o remédio?
Quero gritar mas não devo.

Brusco, atravesso a sala,
sento à mesa, peço o prato,
mastigo a dor em silêncio.

Mãe e filho chegam tímidos,
sentam-se ao lado, me olham.

Calados, compreenderão.

SISMÓGRAFO

Por que não ser como os outros, calmo e lúcido
ante um enterro ou um baile?
Ter um programa, a existência mecânica
em dias sempre iguais, a hora exata
para os pêsames, o almoço, o esporte e o beijo.
Um diário onde prévio me ditasse
e soubesse, como um registro social,
o nascimento e a morte antecipados.
Por que não ser como os outros, anedótico,
leviano, insensível, praticável?
Possuir o milagre de esquecer, como se o pano
descesse sobre a tragédia e houvesse aplausos...
Ler os jornais sem comover, pousar os olhos,
como moscas, sobre as chagas e, a um simples gesto,
voar, buscar a face, o queijo, a rosa...

Mas, não. O abalo do mundo em mim registra
o protesto, a palavra de fel, o amargo
estertor coletivo. Em mim perduram
as imagens cruéis, sangram, se estampam
em meu rosto, em meu canto.
São as nuvens de fogo sobre o lago, ruas
num incêndio total,
a faísca nas árvores, as esporas
na carne, sangue nos trilhos, morte
nas esquinas da noite.

Um acontecimento qualquer, intenso ou vago,
próximo ou distante, me domina,
toma-me os nervos. Sou um poste
cruzado pelos fios na solidão da serra.

Receptor de agonias, sórdido quadrante
de figuras pungentes, espelho rude,
rosa dos ventos furiosos, lua
de desoladas poças.

A criança esquimó
cai numa geleira.
Fico pálido e frio...

Um explorador na África
devora um escravo. O ódio
me transporta ao Sudão.

Sou a luta na Sibéria
e meu brado se perde
no mistério ártico.

Acompanho o negro
da América e padeço,
face carbonizada
na elétrica tortura.

Um menino morre
numa rua em Changai,
sou presente e choro
a agonia do lírio.

Sou Acre e Senegal,
sou presídio e sede,
candeia no sertão,
petróleo em tuas praias.
Homem sismógrafo
no poço, no mundo.

CANTO DA INSUBMISSÃO

Eu, que sou pedra e montanha, sangue e oeste,
negro poço do tempo e da memória,
mãos sujas no labor do subsolo,
apenas vos ofereço o choro vivo
dos homens solitários.
Somos os filhos da noite mineral, os frutos
sem planície e sem sol, ignorados
trabalhadores das minas tenebrosas.
Marinheiros do abismo
sem estrela e âncoras.
Caras de carvão, flores da treva, lírios
de luto brotando num jardim de turfas.

Homens duros e amargos, oriundos
de solidões calcáreas, escondemos
nosso protesto na ironia indócil,
não cortante como lâmina, mas pungente
como anedota de loucos, confissões
de bêbedo, música de cego.

É estranho esse modo de ferir, pedindo
desculpas. Amigos, perdoai-nos,
amigos, crede em nós, os homens tristes!
Sob a face solene

há um coração sangrando
por nós, por vós.

Um grito de mãe na tempestade, um morto
não identificado, uma janela
na noite do hospital, um pé descalço,
a tecelã tossindo
sob a rosa de seda, ou uma bandeira
no enterro do operário, todo o drama
nos fere, nos afoga
em fundas cogitações e paralelos.
A angústia do povo acende o lume
de nossos poemas solidários.

No entanto, os amigos aconselham: "Ó ingênuos,
por que esse agitar de braços como flâmulas?
Na tarde do bar, entre os espelhos,
há poetas cantando a vida amena.
Alegrai também o vosso canto, erguei louvores
à farândula dos mitos!"

Impossível, embora
eu saiba que há magnólias sob a lua,
lotações de sereias, luminosas

vivendas na praia, entre piano e beijos,
autos deslizando, peixes lúcidos
no mar do tráfego,
e pernas oleosas, mãos em brinde
no espelho do champanhe, o baile, o sonho.
Impossível, pois sei também que existem
soluços e revoltas,
lírios no charco, luta de afogados
contra as marés, o monopólio e a morte.
E isso me comove. Mais que o fogo
isso me queima e me ilumina. Eu sofro
o mundo desigual, a vida em pânico!

Eu, que sou pedra e montanha, sangue e oeste,
negro poço do tempo e da memória,
só vos posso ditar este sombrio
canto, denso e amargo
oceano de enigmas, doloroso
rio subterrâneo.

POEMAS DE "PASTO DE PEDRA"

OS DERIVADOS DO LEITE

Os magnatas do leite
e seus filhos derivados
têm a carne leve e tenra
dos lactantes.
A pele é alva e acídula
a face sanguínea e túmida
como os queijos de corante.

A sua voz é pastosa
difícil como se a língua
conservasse ainda o gosto
e a graxa da manteiga.

O diplomata em Paris
é derivado do leite.
O catedrático enfático
é derivado do leite.
A cadeira na assembléia
é derivada do leite.
O chapéu cardinalício
é derivado do leite.
O ar governamental
é derivado do leite.
Os anéis de grau
são jóias feitas do casco
reluzente dos novilhos.

O automóvel de ouro
é derivado do leite.
O banco de caixa-forte
é derivado do leite.
O consórcio dos mentores
é derivado do leite.
A mansão do lago azul
é derivada do leite.
As mulheres da mansão
são derivadas do leite.

Os derivados do leite
suam nas praias do Rio
um suor de soro.
Têm sangue leitoso aguado
e hálito de creme.

MATADOURO MODELO

O boi caminha
vago-vago
vagaroso
no largo-estreito
corredor
do sacrifício.

O magarefe
acompanha
o passo bambo
do boi bambo
lerdo e gordo.

Réu sem culpa
boi não sabe
que daqui
a um minuto
a morte forte
cravará
a unha-cunha
em seu pescoço.

O magarefe
aguarda o boi
no ponto exato

da pancada.
Ergue o vil
cutelo e aplica
o golpe seco
sobre a nuca.

o boi baqueia
e de joelhos
reza? Não.
morre? Não.

O corpo treme
do lombo aos cascos
inseguros.

A escada rola
conduzindo
o boi agônico
ao descarne
mecânico.

A máquina move
suas navalhas
tira-lhe o couro
ainda quente.
Divide o boi

em quatro partes
e o dependura
em ancho gancho
navegante.

A vida ainda
flui lateja.
O que era boi
teima em viver.

Teima em viver
que o olho aceso
do resto agora separado
brilha e se espanta
ao ver o próprio
corpo morto
e esquartejado.

O QUEIJO

O queijo dá para a fome
de todos. Eu sei.

Vamos comer o queijo
na hora do tira-jejum.
O queijo é nosso, quem o fez
disse que daria
um pedaço para cada um.

Vamos curar o queijo
antes do queijo bichar.

Vamos guardar nosso queijo
antes do rato chegar.

Eu sei. O cheiro do queijo
já passou do mar.
O nariz do Norte cheira forte
o nariz da Ásia está no ar.

INDÚSTRIA DO BOI

O cofre das jóias
é do casco do boi.

O forro do automóvel
é do couro do boi.

A buzina de caça
é do chifre do boi.

A farofa da viagem
é da língua do boi.

O desespero parado
é dos olhos do boi.

O chicote do feitor
é do rabo do boi.

O jardim do palácio
é do estrume do boi.

O leite dos meninos
é da vaca do boi.

O dinheiro da carne
é do dono do boi.

E esse orgulho, essa empáfia?
— É do bafo do boi.

FÁBULA DO BOI FILÓSOFO

I

Vamos no trem de gado
enjaulados em aço
como se fôssemos feras.
Logo nós, tranqüilos bois.

Vamos para a morte
no vagão da morte.

Acaso nos levam a rodeios
leilão de feira ou touradas?

Vamos para a morte
no vagão da morte.

Ruminamos na viagem
o capim da madrugada
banquete de despedida
de quinze anos de canga.

Vamos para a morte
no vagão da morte.

Levamos no lombo as marcas
do nome de nossos donos
alfabeto do diabo
gravado na carne viva:
"F F" — ferro e fogo
"C Q" — cheiro queimado
"P T" — pele torrada
"B C" — brasa no couro.

Vamos para a morte
no vagão da morte.

A cem quilômetros horários
aos nossos olhos desfilam
moirões moirões
porteiras
cercas de arame farpado
currais
cartazes de propaganda
de restaurantes
presuntos
produtos veterinários
churrascarias
hotéis.

Longe, bezerros pastando,
lavadeiras no córrego
e fazendas que se apagam
nas invernadas do orvalho.

Naquela pastagem livre
nasci cresci fiz-me boi.

Cevei-me no provisório
cobri novilha nas luas.

Hoje vou para a morte
no vagão da morte.

II

Maquinista, pára a máquina!
Segura o trem, guarda-freio!
Quero berrar meu adeus:

Adeus, menino da guia
despenteado no vento.

Adeus, garanhões e poldras
lavando o cio no rio.

Adeus, vitelas que amei
mugindo amor, separados.

Adeus, meu cocho de milho
gamela branca de sal.

Cochilo do meio-dia
na sombra das umburanas.

Conversa muda de bois
no caminho das aguadas.

Adeus, meu dono carrasco
que me engordou para o corte.

Vou para a morte
no vagão da morte.

Trabalhador sem salário
paciente na servidão
que recompensa encontrei?
— O prêmio desta viagem
as férias no frigorífico
e a compulsória na morte.

Por que esse trem maldito
não rola no precipício?
Por que a força maior
que a dos homens não arranca
essas grades, esses trilhos?

Minha mãe deu sangue branco
ao filho do fazendeiro.
Dava o leite que era meu.
Que é feito de minha mãe?

Vamos para a morte
no vagão da morte.

Nunca engordamos homens
para comer. Nunca
nos armamos em manadas
para matá-los. Nunca.

E vamos para a morte
no vagão da morte.

Ó Deus dos Irracionais
apiedai-vos dos homens.

Também vão para a morte
nas ogivas da morte.

III

Mas a verdade é que o boi
nunca morre totalmente.
Mesmo morto, continua
sua vida em outras vidas
outros corpos e objetos.

Ao morrer, a nossa carne
não será jogada ao lixo
nem enterrada na cova
como a carne de outros bichos.

Ao contrário: nossa carne
será vista e desejada
pesada distribuída
para a gula das cidades.

Eis-nos pastando flores
em brancas mercearias.

Expostos e tabelados
carne de sol
chã-de-dentro
alcatra, suã, filé

língua, fígado, miolos
coração dependurado.

Eu vos lavo no meu sangue
ó máquinas do matadouro
que matando ressuscitam.

IV

Não vamos para a morte
vamos para a vida.
Alimentando de vida
seremos vida na morte.

Seremos samba e sandália
de carnavais.
Merendeiras seremos.

Seremos talvez a bota
marcial,
selim de jóquei
arreios de galopar.

Cinturão de bala ou coldre,
bíblias de luxo ou sacola
de mendigo seremos.

Transformados em bola
bola-boi número cinco
enganaremos arqueiros.
Boi rolado boi chutado
na chuteira do rei.

Bexiga de boi-bola
na viela da favela
— gooooooool!

Apita, apito! É chegada
a hora de morrer e morto
de mim mesmo renascer.

RATO RÓI-RÓI

Na cidade há um rato
que rói rói
a casa do pobre
que rói rói
a língua do pobre
que rói rói
a filha do pobre
que rói rói
a indústria do pobre.

Na cidade há um rato
que rói rói
(um rato gordo)
que rói rói
o pão da viúva
que rói rói
a honra do alheio
que rói rói
o dinheiro guardado.

Um dia esse rato
que rói rói
subirá a montanha
virá roer nosso mato
roer nosso gado

roer nosso ouro
roer nosso ferro.

Mas o rato não sabe
(bobo do rato)
que nós conhecemos
a manha do gato
que nós aprendemos
o pulo do gato
que nós possuímos
o fôlego do gato.

NO REINO DE MIDAS

No reino do novo Midas
não há tronos.

O rei Midas não usa
manto ou coroa.
É um monarca atualizado
pragmático.
Midas cachimba
fleumático.

Há cem anos fumega
seu cachimbo polido
feito de perôneos
de mineiros mortos.

Midas cachimba
catimba
bimba:
— cospe o sarro
no manancial.

Tosse asnático.
Uísque na goela
adeus pigarro.

Midas é magro
mas come bem, devora
pratos e pratos de pepitas.
Adora chocolate
em barras douradas.

Deixemo-lo comer em paz
espairecer
fumar.

Na branda varanda
do castelo amarelo
Midas cachimba.

Ao pé da montanha
pastam tranqüilos
os animais do reino:

bestas prudentes
cavalos vassalos.

PERMANÊNCIA DO HERÓI

Por onde descera vivo
agora regressa morto
o corpo de Xavier.
Vem guardado pela escolta,
escolta vigia um morto.
Que pode um morto fazer?
Pode ainda conspirar?
Não pode. Lábios cerrados,
mão imóvel, braço imóvel,
com seus gestos decepados.

No lombo das alimárias
sobe a custo e aos solavancos
a Serra da Mantiqueira.

Em surrões acondicionado,
mergulhado na salmoura,
amarrado, costurado,
o corpo vem dividido
em quatro partes iguais
mais a cabeça, troféu
preso à ponta dos varais.

Assim, parece um embalado
de toucinho ou rapadura
balançando-se com o trote
das reais cavalgaduras.

Esses olhos magoados
muita vez se demoraram
sobre os naturais da terra
famintos, pisando o ouro.

Ah! esses olhos doridos
choraram, velando os corpos
dos colonos vitimados.
Hoje, mudo, o Tiradentes
volta de olhos fechados.

Ó soberana senhora
piedosa e complacente,
ó reinóis agraciados,
vinde ver o vosso súdito
como um bicho esquartejado.
Vinde ver os pobres restos
do grande herói que se foi
expostos à varejeira
como as vísceras de um boi.

Morto o corpo, mas o espírito
da pátria visionário
ao nosso lado caminha
vigilante e temerário.

Há quase duzentos anos,
que esse Alferes inquieto
sobe a serra, desce a serra,
dia e noite sem parar.

Morto errante que ninguém
tem coragem de enterrar.

ALEIJADINHO: MARTÍRIO E SOLIDÃO

Anjo bruxo
anjo brusco
anjo tosco
anjo fosco
anjo fusco.

Corvo engaiolado
corvo depenado
corvo acorrentado
corvo torvo
estorvo.

Luporina?
Cardina?
Heroína?
Escorbuto?

Torto na liteira
torto na cadeira
torto na esteira
torto na poeira.

Cai o dedo
polegar
no ar.

Cai o dedo
indicador
de dor.
Cai o dedo
anular
no sal.
Cai o médio
sem remédio.
Cai o mínimo.
Caem todos
um a um.
Mãos
sem nenhum.

Pardo fardo
carregado
no ombro
no lombo.

Ó Januário
arma a tenda
do trabalho.

Vem cá Maurício,
amarra o formão

no cotó
da mão.

Talha
corta
sulca
vinca
finca
fende
entalha
bate bate
rebate
toc-toc.

Com um toque
abre a cara
de Simão Stock.

De um golpe
cria o Jorge
sem cavalo
sem galope.

Surgem da pedra talhada
(e do nada)

barbas de Isaías
pés de Jeremias
túnicas de Amós
coturnos de Oséas
braços de Habacuc
ventre de Nahum
véus de Ezequiel
cabelos de Baruc
leão de Daniel
baleia de Jonas
queixo de Abdias
nariz de Joel.

Ouro preto
trevas
pentateuco
trevas
apocalipse
trevas
hora nona
trevas
agonia
trevas
miserere

trevas
miserere.

Frio e só
no jirau.

Morto e só.
Ninguém.

Nem o presidente
nem o intendente
nem o confessor.

Só.

Dobram sinos
batem sinos
choram alguém?

Dobram os sinos
do Pilar
— pelo notário
— pelo sicário.

Dobram os sinos
do Carmo
— pelo ricaço
— pelo devasso.

Dobram os sinos
das Mercês
— pelo ouvidor
— pelo marquês.

Dobram os sinos
choram os sinos
pelos Nobres blão
pelos Brancos blão

— pelo Aleijadinho N Ã O !

FELIPE E OS CAVALOS

Vielas ardendo
no morro da queima
felipe o rebelde
atado aos afoitos
cavalos do rei
cabelos e crinas
são fachos vermelhos
e a carne tostada
na disparada
felipe e cavalos
o incêndio rompendo
    galope
        felipe
            galope
                felipe
            galope
        felipe
    galope
felipe
seguro amarrado

à cauda de tochas
    galope
        relincho
            felipe
                fagulha
                    felipe
                        fogueira
                            felipe
                                tropel
                                felipe
                            arrastado
                      felipe
                    queimado
              felipe
          galope
        felipe
      galope
de chamas

ossos e patas
corpo esfolado
felipe voando
desintegrado:

miolos na pedra
sangue nas portas
braço na torre
pé no telhado
galope
    felipe
        galope
           felipe
      galope
    felipe
galope

      p á r a !

felipe o mais santo
dos santos felipe.

POEMAS INÉDITOS

AMAR COMO AS PLANTAS

Amar como amam os mamoeiros
separados de muros
mas pulsando raízes, folha e frutos
no silêncio dos quintais.

Amar como as plantas amam, ignoradas
pelos homens e os gatos.
Amor de êxtase, sem ferir
o sono dos ninhos
e o pudor dos outros animais.

Amar como os mamoeiros, angustiados
suando orvalho no amanhecer.
Fazer confidência, usando o código
fabuloso da abelha,
ou enviar convites para o sonho
no tráfego noturno das formigas.

Amar como amam as plantas, fecundar
no vôo dos pássaros
e no vento cúmplice.

Amar como os mamoeiros amam
com esse amor casto e fundo,
amor de contida violência
com o silencioso orgasmo
da criação do mundo.

OS MORTOS DE HIROSHIMA

Não cai uma folha sem que o Eterno
faça a reparação.

Os mortos de Hiroshima estão sentados
sobre os alvos montes;
A mulher que tombou sobre a costura,
o operário e seus utensílios,
a criança e sua boneca,
o cego e seu cão,
todos esperam a Grande Hora
da reparação.

Essa virá. A espada do Eterno
é afiada e justa.

AS ROSAS DE ISRAEL

Caim soprou as chamas sobre o ghetto
de Varsóvia, a decepada.

O fogo de Caim queimou altares
da oração dos velhos
abafava o choro
dos berços em brasa.

O raio do Senhor
fulminou Caim e sua estirpe.
Um povo, agora,
ressurge, dos escombros e das chagas.

Do esterco de Caim
crianças nascem como rosas brancas.

Elas são os cordeiros da páscoa
nunca imolados. São cordeiros
tranqüilos sob a estrela de Israel
que pastoreia as novas madrugadas.

AS FÚRIAS VEGETAIS

I – HABITAS ENTRE FÚRIAS

Tua casa, como trincheira, te protege
do mundo circundante, da ameaça
de teu vizinho armado.
Trêmulo atrás de portas e de grades,
pálido ao ouvir qualquer ruído
noturno, exemplo: o cão
que se assusta com a sombra movediça
dos galhos no muro,
ou o pigarrear na madrugada,
em tudo pressentes
o ladrão sanguinário.

No entanto, não percebes
que o assassino mora em tua casa.
Não desconfias que na mesa
em que escreves as tuas confidências
a gaveta que se fecha bruscamente
machucando-te o dedo distraído
foi impulsionada por alguém oculto
no próprio silêncio do objeto imóvel.
Não percebes
que na cadeira em que te assentas

a madeira prepara lentamente
a tua queda.

Deves ficar atento: estás cercado.
A escada, na qual firmas confiante
o pé para trocar a lâmpada queimada,
pode partir-se inexplicavelmente.
A porta que abres com violência pode
voltar-se contra ti com violência.
Se ruir a cama em que te espojas,
tua frágil costela vestirá
a camisa de gesso.
Não percebes, não podes compreender
que o acidente é um ato provocado
pela vindita da madeira.

Habitas entre fúrias vegetais.
Amarradas às suas novas formas,
elas te contemplam
moendo a sua ira.

São árvores perplexas
sujeitas agora à condição servil
de vigas

portais
soleiras
e mobília.

II – O SOFRIMENTO DA MADEIRA

A noite, escutas ruídos que nunca
ouviste antes:
portas gemendo,
uivos entre frestas,
tacos rolando, gritos.

São fantasmas de teus parentes
que te cobram promessas?
É o vento da meia-noite? Não.

São lamentos do jacarandá,
suspiros da imbuia,
pinhos débeis partindo-se entre ferros,
choro da aroeira na esquadria.

Mortas as árvores?
Presas às novas formas, elas fingem
de mortas, submissas ao capricho

de teu lápis,
diladceradas pelas ferramentas:
serrotes, plainas, parafusos
que roem como cupins e que dissecam
troncos, nódulos, coração e músculos.

III – AS ÁRVORES SOFREM NA CARNE

Não te iludas, as árvores te odeiam,
pelo que fizeste, deformando-as,
elas te odeiam.
Transformaste as árvores, seres vivos
em meros acessórios do conforto.

Gostarias que alguém, ouvindo o apelo
da tua amada (sádica)
fizesse um cinzeiro de teu pé
ou um lustre ou cabide de teu braço?

Não matarias o decorador
que, atendendo ao miliardário excêntrico,
armasse uma cadeira
com os ossos de tua mãe
... e nela se sentasse?

IV — O BAILE DAS FÚRIAS

Morta a madeira? Não. Finge que dorme.
Quando as cortinas se fecham
sobre o teu sono
e a tua casa escura se emudece,
os móveis se despem do verniz,
as portas e janelas se desprendem
de sua amarra de tijolo e cal
e tomam a antiga configuração.

Transformam-se de novo em árvores e bailam
pelos teus salões como se fossem
os donos da mansão.

O piano sorri pelos teclados,
os candelabros acendem-se em galhadas,
voam largos véus de folhas brancas,
as raízes se arrastam no assoalho.

Com a última estrela,
os espetros se esvaem na madrugada.
Voltam à humilhante condição de peças
decorativas e funcionais.

V – O SUICÍDIO PELO FOGO

Certos incêndios em tua cidade não se
                              explicam:
Pontas de cigarro? Curto-circuito? Brasa?
Por que arde uma casa inteira se ninguém
lhe atiça a fagulha?
Por que os sábios peritos não encontram
nos escombros os rastros ou sinais
de acidente ou crime?

A combustão
nasce do ódio visceral, do cerne
da madeira que se inflama
e se queima num protesto,
mostrando a sua fúria em labaredas.

É o fogo punitivo
que obedecendo ao grito de vingança: É AGORA!
irrompe violento e a um só tempo
em berços, cômodas, armários,
estantes e poltronas,
aparelhos sonoros, teto e chão.

As árvores em chamas transformadas
tomam os passeios, investem
contra máquinas e povo, devorando
em pânico a cidade.

Tinge o asfalto o pranto das resinas.
Não te assustes: é o suicídio coletivo
do mundo vegetal
que se liberta da inércia pelo fogo.

É o protesto vermelho da madeira
contra a vil servidão
ao Homem-Térmita.

O LIXO

A cidade é o pelicano
que amargo se devora
e expele os resíduos
de fumo e de alimentos
e o sal triturado
na máquina das horas.

O suor da cidade
é levado intacto
pelos buldogues
da Limpeza Pública.

As sobras da fome
impuras se despejam
em caminhões noturnos:
latas coloridas,
massas de tomate,
frascos de pimenta,
condimento azul,
cristas e penas
de pássaro cozido
e peixes afogados
em feijão dormido.

Os enfeites da cara
e as cobertas do corpo
são, agora, em trapos
vaidade morta.
Na lama os diviso:
paletós sem mangas,
saias desfraldadas,
camisas sem peito,
botas cambotas,
vidros de esmalte,
tubos de batom,
e milhões de pastas
de dentes sorridentes.

O resto das lembranças
de tempos amoráveis
é atirado ao frio
caminhão da tarde:
cartas de afeto,
lenços, monogramas,
corações bordados,
retratos, mãos unidas
no banco dos parques,
retratos, cabelos
no ar das cachoeiras,
retratos, pão de açúcar,

noivados, retratos
agora desolados,
agora manchados
de azeite, pó e lágrima.

As dores do homem
são, também, cremadas
no forno da omissão.
São longas as noites
de febre e de abandono,
mas o sol amanhece,
e doura no lixo
as ampolas mágicas,
as cápsulas do sono.

Os restos do amor
das noites de amor
são impunes jogados
na lixeira pública:
tapetes de automóvel,
espelhos e perfumes,
pentes e esponjas,
sais desodorantes,
bilhetes suicidas,
conta de boate,
colar desfiado.

CAMELOS VERDES

Nós pastoreamos
estranhos animais.
Há séculos vigiamos
a cáfila tranqüila
dos camelos verdes.
Em silêncio ruminam
a erva e os minerais.

Na calma da planície
suas fêmeas gigantes
movem as ondulantes
corcovas.
Dos ubres de pedra
escorre um rio de ouro
para o mar.

Quando as bestas de ferro
dormem no horizonte,
os pássaros brancos
de lua e das estrelas
pousam nos seus flancos.

Nossos verdes camelos
são amestrados
animais circenses:

na curva das gibas
dançamos saltamos
como hábeis ginastas
do ar.

Fincamos em seus dorsos
o punhal dos postes
a torre das ermidas
a concha do radar.

O POETA CHEIRA A CIDADE

Como um cão
farejo a cidade como um cão.

Sorvo a cidade, o impuro
ar da cidade.
Minhas narinas se ativam
com o resíduo urbano.

Atravesso a praça. O ento
vem carregado de óleo
diesel, de graxa e sangue
dos motores.

A praça
contamina a tarde com o violento
odor das preocupações.

Câmbio, bancos,
inflação,
cédulas e fumo. Bancos.

Nos elevadores
e nas densas filas pascais
aspiro
petróleo, origam, borracha.

Sinto na Flora o perfume
das abelhas e das noivas.
Copos de leite, boninas
e açucenas selvagens.
(Ó mosca molhada que não pára de voar).

Passo pela Perfumaria, percebo
o nariz
de Paris.
Morangos em tubos,
maçãs para axilas
e protetores de seda para moças
que se despenham, andorinhas
em saltos ornamentais.

Entro na Casa de Carnes.
A pituitária se inflama
com os olhos mortos da vaca
e a visão dos rins vermelhos.

A Petisqueira é ácida como os dias
do calendário do sexo.
Emana o hálito do mar e das origens
nos polvos, nos camarões
e nas estrelas de sal.

Estranho é o cheiro das gares,
cafés, bagagens,
roseiras amarelas
e girassóis.
Que doce é a aventura das narinas
pelos pátios ferroviários
onde os vagões nos conduzem
ao sonho das viagens.

Aspiro o ar das Farmácias.
As Farmácias têm o aroma
do nascimento na morte.
Lembro o rícino da infância
a idade dos lombrigueiros,
o sarampo que estrelava
de febre a face do irmão
e a coqueluche comprida
no silêncio madrugando.

O Mercado. Ah! o Mercado
cheira a estrume e a laranjal.
É bonito ver chegando
a manhã nova ao Mercado:
entra a manhã os portões
trazendo o varal dos frangos,

e o impermeável
onde se matou
o anjo frustrado.

Os restos do amor
como as esperanças
apodrecem no lixo
neutro da manhã.

As gaiolas dos canários.
Chega trêmula de orvalho
no lento caminhão de alface.

Ávido, farejo os bares,
pressinto nos restaurantes
as calorias do alho
e da cebola das lágrimas.

Quando vem a noite, turva-se
o céu de miasmas.
Sobe da cidade indormida
o cheiro do homem
e do seu sofrimento.

A PRIMAVERA NO RHUR

As flores brotam negras e sujas de carvão
como se pusessem luto pelos mineiros mortos.

Nem os teus olhos, esposa,
nem teu riso de infância, ó filha,
dão-me a paz ao coração.

Não tenho lágrimas, tenho carvão no rosto,
como o palhaço e sua máscara.

A primavera no Rhur
cheira a bolor de pão.

CANTO DO OPERÁRIO ARGELINO

Eu sei que minhas mãos calosas
não sabem acariciar a face das crianças,
nem conhecem a mímica dos atores.

Minhas mãos são explosivas
como bombas de plástico.

Meus dedos duros romperam as cortinas do tempo
e mostraram às crianças
o clarão da nova vida
que amanhecerá em nós.

LAMENTO DO MISSIONÁRIO CONGOLÊS

Ai! não tenho mais pão nem hóstia
para a comunhão dos povos.
Enforcaram meu pai, minha mãe soluça no cárcere.

Meu elmo eram os boletins e as preces
minha lança a língua dos oradores.

Tudo inútil. Minha pátria é um barco em chamas
submergindo no rio do sangue.
Sou um náufrago de pés amarrados.

CAÇA AOS HIPOPÓTAMOS

Esporte arriscado
caçar hipopótamos.
Primeiro, são raros
no meio do povo.
Segundo, nem sempre
são vistos no circo.
Terceiro, só crescem
na lama dos pântanos.

Há homens que afirmam
que jamais os viram.
Mas certo é que existem
nos charcos escuros
dos monopólios.
Animais disformes,
todos intocáveis,
impossíveis nunca.

Vede a agitação
da lagoa infeta.
São os hipopótamos
que se banham calmos.
Os pesados bichos
revolvem o lodo
nas profundidades.
Enfeitam os caninos

com as algas virgens,
e esmagam os corais
das virtudes públicas.

Observai as belas,
cândidas ovelhas,
como buscam afoitas
as águas perigosas.
Não sabem as incautas
que os monstros anfíbios
já espreitam a alvura
do rebanho ingênuo.

Que força a dos brutos!
Vede como levam
sobre o corpo as árvores,
casas, montanhas e navios.
Como são violentos!
Como pisam náufragos!

Ei-los investindo
contra a gente inerme,
devastando lares,
honras e cidades.
O povo se oculta

nos abrigos frágeis.
Mas nada detém
os colossais mamíferos.

São sobreviventes
de uma era morta.
Bestas selvagens
de uma ordem extinta.

Para eliminar
os rudes paquidermes,
indomesticáveis,
tardos e possantes,
é preciso astúcia,
desbravar a selva,
sanear os pântanos.

Vamos, meus amigos,
à caça de hipopótamos?

OS CAVALOS SENTADOS

Na sala dos candelabros amarelos
quatro cavalos sentados pastam o nosso ódio.

Meus olhos se demoram nos cavalos
sentados à mesa e coroados de flâmulas.

Não lembram os unicórnios inocentes
na primeira manhã do mundo. Não, não lembram
os potros da infância
pelos úmidos currais cheirando a esterco.

São gigantes de crina penteada,
com o símbolo cruel de seus rebanhos
fincados como esporas
em suas ancas.

Diante dos grandes espelhos
se espojam e relincham seu orgulho
de animais de raça.

Em seu banquete há sempre o milho tenro,
ovos de peixe,
sangue de ovelha,
carne de pombos.

Na sala dos candelabros amarelos
quatro cavalos amplos e selvagens,
contemplam um cogumelo de hidrogênio.

Mas nas suas ferraduras de ouro e aço
brilha uma estrela.
De seu estrume, sob a mesa.
Nasce uma flor.

A MORTE DO INEFÁVEL

Tinha no ombro um pássaro absorto,
adivinhava o futuro.
Jantava auroras, lírios e madréporas.
Falava sobre pombas abstratas,
hipocampos dormindo,
virgens loucas, mulheres impalpáveis.

Seu amor era a morte, jamais vira
alguém morrendo, um catre, um choro vivo.
Dizia "louros trigais" mas não entendia
a mecânica do pão.

Entre as lâmpadas e a vida
era o neutro
o corpo fechado
o hermético.

Veio um auto, súbito...
lá em meio o discurso para a estrela.

REPRODUÇÃO DAS ALGAS

Em Bizâncio assisto
à fecundação das algas.
Germinam nas campânulas
os esporos.
Asterozóides rápidos
nadam sem flagelos
nos tubos polínicos
penetrando a oosfera.

— Distraído sábio,
aceita um cafezinho?

Gira a spirogira
nos campos da gelose
enquanto o ovo-célula
entra em transe-orgasmo
na túmida meiose.

— Doutor,
desculpe interrompê-lo:
tem aí um cigarro?

Na fase decisiva
da haplóide as células
urgentes se transformam
em pródigos gametas.

— Doutor, hoje é dia
do imposto sindical.

Sargaços flutuam
serpeantes
em mares nunca dantes.

Que doce viajar
nestas ilhas móveis
de algas coralinas.

— Distraído mestre,
o almoço está na mesa.

Algazul, algazul
assexual e último
na escalada dos seres.

Espantoso e horrendo
é o amor do assexuado
fecundando a si próprio
de si mesmo nascendo.

— Mestre, um instante:
já leu o jornal do dia?
Na última página soluçam
as grávidas mulheres ambulantes.

Que mulheres, que nada!
Quero algas, primavera
da Era
primária,
vegetal primitivo redivivo.

— Mas, doutor, e o mundo
o mundo dos humanos?

Que humano? Que mundo?
Deixem-me tranqüilo
na minha paz em Bizâncio.

Não amolem, ó crassos.
Tchau!

CAVALO D'ÁGUA

Monjolo, cavalo d'água
alma de pau a penar
galopa empina galopa
sem sair do seu lugar.

Monjolo, mete o focinho
no pilão devora o milho
separa a casca do arroz
descasca o café de grão.

Monjolo, cavalo frouxo
cochila cabeça baixa
de repente assusta e sobe
com a água fria no lombo.

Monjolo, cavalo preso
relincha na solidão
levanta a cara olha a lua
e cai de bruços no chão.

Parece até que o monjolo
é um louva-deus sem perdão.

COTIDIANO DE VILA RICA

Cláudio boceja
na reta panda
da longa varanda
solarenga.

De liteira, Marília
vai ao Pilar.

Dirceu no adro
suspira e espera.

Entra na igreja
de braço dado
com a amada musa
de anquinha e véu.

Na botica
de erva e aromas
Xavier aplica
láudano nas mãos
de Antônio Francisco
jovem santeiro
pardo viciado
em fêmea e cardina.

BACIA LEITEIRA

Baronatos papais coronelícios
ilhas seguras neste mar leitoso.
  Mar onde se afundam
  os agregados.

Fazendas de café e sobrados urbanos
iates de sol nos lagos da invernada.
  Lanchas movidas
  pelo vento sorte.

Corpos púberes e impúberes
nadam neste oceano deleitoso.
  Banham-se calmos
  nas praias do gozo.

Alva bacia de raros donos
onde jorram sem estancar
as bicas de ouro branco.

  Pastoril pastoral
  de ócios e negócios.

AS CABEÇAS FALANTES

Pousadas nos espelhos ou pendentes
de fios invisíveis,
as cabeças falantes aparecem
no cenário das pombas e do corvo.

São aranhas gigantes
presas à teia verde.
São cabeças frigorificadas,
penteadas ou calvas,
os óculos sobre o nariz e a boca murcha
como crateras inativas.

O lépido empresário,
de sexo neutro, em gestos estudados
anuncia no circo as maravilhas
dos decapitados.

As cabeças são mágicas, repetem
a voz dos histriões
e convidam a platéia dos incautos
à volta ao gozo das idades mortas:
às bandeiras da livre exploração,
ao luxo dos autos importados,
e às solidões agrárias.

Onde ficaram o coração e os braços desses seres ambíguos e incompletos?

Quem agita os cordéis, quem movimenta as cabeças falantes?

O ALEIJADINHO, RETRATO FINAL

I

Era o gênio em ruínas.

Um lençol de asas brancas encobria
as repugnâncias.
Na cintura, o cordão da Confraria
dos Artífices de Cor.

Sobre as molas de arame da cabeça
desabava o chapéu de cogumelo.
Agachado, era o próprio cogumelo,
chapéu e corpo atarracados.

Na boca de rebordos obscenos
cambaleavam os negros cariados
pela viela torta das gengivas.

Talhando os oratórios nas igrejas,
suspenso nas roldanas e amarrado
nas cordas, parecia
uma aranha gigante balançando-se.

No trabalho noturno, a luz de azeite
projetava na tela dos altares
a sombra do monstro aracnídeo
que, movendo a mandíbula peluda,

engolia os arcanjos enleados
na teia dos florões.

Naquela pipa de dores,
nervos, rins, pulmões e coronárias
diluíam-se, filtrados.

no alambique da agonia.

Numa noite de trevas quando as trevas
de Ouro Preto eram mais trevas,
finou-se o gênio
no catre-solidão.

Não teve os dedos cruzados sobre o peito
pois dedos, orelhas, o nariz e o sexo
morreram antes da morte.

O ALEIJADINHO NO CÉU

II

O arcanjo Miguel, o fulgurante,
entrou a porta, arrebatou o morto
e acionando as asas
na rota espacial, entre relâmpagos,
levou-o redivivo
à esfera do Senhor.

Na plataforma do céu,
os santos da sua estatuária
voaram ao seu encontro com as ofertas:
Francisco, que lhe deu o escapulário,
Jorge, que lhe trouxe a lua intacta,
Simão Stock, que lhe pôs a palma,
Pedro, que lhe ministrou os santos óleos.

Cercado dos Profetas,
chegou o Bom Jesus de Matozinhos.
Veio abraçar o amigo que voltava
da guerra entre os mortais.

Ao vê-lo mutilado,
o Cristo comoveu-se
e, tomando o sudário dos enigmas,
nele envolveu-lhe o corpo e a vida impuros.

Ocultou-o na sombra e nos vapores
para que, ignorando-lhe a história,
o amássemos apenas em espírito
e no belo de seus anjos.

JESUS DISSE AO ALEIJADINHO

III

"Tu me fizeste doloroso e trágico
nos altares de Minas. Com que arte
puseste em minha face a tua face
e nos meus pés e mãos as tuas chagas.

Vivo sangue escorria dos meus lábios
como se de tua boca ele brotasse.
Chorando, me feriste com os espinhos
como se a ti mesmo coroasses.

Sem nunca me teres visto, retrataste
meu semblante de lágrimas na cruz.

Serás o mais amado dos meus santos
pois sofreste comigo em pedra e carne."

LÁ...

Lá,
naquele reino de meu Deus,
onde a infância não finda,
lá,
onde o tempo parou na eternidade,
lá te esperarei ou estarás
à minha espera.

Lá,
de onde viemos e para onde
regressaremos no fim,
lá te esperarei ou esperarás
por mim.

Lá,
naquela paz de claridade
lá
seremos um na eternidade.

Se eu for primeiro
construirei a nossa casa, amor,
colorida de nuvens e de luas.
Rosas, muitas rosas nas janelas,
como gostas, brancas e amarelas.

Quando se anunciar a tua vinda,
reunirei os santos em congresso.
Convidarei o coro dos arcanjos
para cantar na festa que darei
no teu regresso.

Mas, se fores antes
para o país da grande madrugada,
eu sei que cuidarás
para que nada me falte na chegada:
enfeitarás de lírios nosso quarto,
prepararás depressa um banho morno
para esta alma cansada,
e arranjarás a mesa, ao invés de pão
a hóstia, ao invés de vinho
o orvalho.

Assim, cuidarás do meu espírito
como cuidas agora do meu corpo
quando volto
do trabalho.

O CÃO E O HOMEM

O homem é visto pelo cão
como um animal imaturo
que não descansa nunca em quatro patas
mesmo estando bêbedo.

O cão sabe que todo o homem
é um louco de boa memória
que não consegue esquecer
o ontem, o antes e o acontecer.

Por isso, o cão compadece-se
dele e o acompanha e o consola.

E dá ao homem todo esse afeto
como uma esmola.

DOIS BILHÕES

Ó João Evangelista dos abismos
rompei o selo, derramai as trevas!

Eis chegado o fim: os gafanhotos,
trovejam as suas asas de relâmpagos.

Aí estão os sinais, ó João. As Pragas
e os males do Dragão se multiplicam.
O Príncipe deste Mundo está contente
pois, aos seus pés, relincham e se espojam
dois bilhões de bestas!

Dois bilhões
que adoram reverentes os Foguetes
e a Santa Bomba!

Dois bilhões
que perderam a alegria de dizer:
meu Deus!

MÃE...

Vestidas de crepúsculo
e cobertas de luas
as mães em procissão,
vão acordando as ruas.
É um préstito de mágoa,
de perdão profundo.

Um rio salgado,
pranto derramado,
rola sobre o asfalto,
afogando o mundo.

Esta beija o filho
delirante, bêbado,
aquela ampara o cego,
sua noite alumia,
outra enxuga o suor
do louco na agonia.

Uma lava o sangue
do ladrão baleado,
outra uma cadeira
de rodas empurrando,
vão todas, lado a lado
às lágrimas rezando.

BIOGRAFIA DE BUENO DE RIVERA

Nasceu em Santo Antônio do Monte, a 3 de abril de 1911, e faleceu em Belo Horizonte, em 25 de junho de 1982. Moço, mudou-se para Belo Horizonte (1926), trabalhou como tipógrafo e depois como microscopista. Foi também locutor da Rádio Mineira e trabalhou no *Estado de Minas* e no *Jornal da Manhã*. Tornou-se editor do *Guia Rivera* (como se guiar e fazer compras em Belo Horizonte), que lhe deu independência financeira. Tinha uma vida pacata na capital mineira ao lado da esposa Angela, e mantinha correspondência com os grandes escritores do país, sendo considerado um dos principais nomes dentro da Geração 45.

BIBLIOGRAFIA

Mundo Submerso. Rio de Janeiro: José Olympio, 1944.
Luz do Pântano. Rio de Janeiro: José Olympio, 1948.
Pasto de Pedra. Belo Horizonte: Imprensa Oficial de Minas Gerais, 1971.

ÍNDICE

Bueno, um bom poeta 7

POEMAS DE "MUNDO SUBMERSO"

O poço 17
Mundo submerso 19
O microscópio 22
O fantasma do latifúndio 24
Os olhos secos 26
O açougue 27
O profeta 28

POEMAS DE "LUZ DO PÂNTANO"

Canto do afogado 41
Os subterrâneos 42
Além das faces 45
As carpideiras 46
A dança dos obesos 47
A espada 48

Itinerário de Ângela 50
Canção do sono 52
A cama 54
Os destinos urbanos 56
O poeta na sapataria Aquário 57
A mão recebe o salário 59
Sismógrafo 62
Canto da insubmissão 65

POEMAS DE "PASTO DE PEDRA"

Os derivados do leite 71
Matadouro modelo 73
O queijo 76
Indústria do boi 77
Fábula do boi filósofo 79
Rato rói-rói 87
No reino de Midas 89
Permanência do herói 91
Aleijadinho: martírio e solidão 94
Felipe e os cavalos 100

POEMAS INÉDITOS

Amar como as plantas 105
Os mortos de Hiroshima 107
As rosas de Israel 108

As fúrias vegetais 109
  I – Habitas entre fúrias 109
  II – O sofrimento da madeira 111
  III – As árvores sofrem na carne 112
  IV – O baile das fúrias 113
  V – O suicídio pelo fogo 114
O lixo 116
Camelos verdes 119
O poeta cheira a cidade 121
A primavera no Rhur 125
Canto do operário argelino 126
Lamento do missionário congolês 127
Caça aos hipopótamos 128
Os cavalos sentados 131
A morte do inefável 133
Reprodução das algas 134
Cavalo d'água 137
Cotidiano de Vila Rica 138
Bacia leiteira 139
As cabeças falantes 140
O aleijadinho, retrato final 142
O aleijadinho no céu 144
Jesus disse ao aleijadinho 146
Lá 147
O cão e o homem 149
Dois bilhões 150
Mãe 151

Biografia de Bueno de Rivera 153
Bibliografia 155

159

Impresso nas oficinas da
Gráfica Palas Athena